AF142203

BEI GRIN MACHT SICH IHR WISSEN BEZAHLT

- Wir veröffentlichen Ihre Hausarbeit,
  Bachelor- und Masterarbeit

- Ihr eigenes eBook und Buch -
  weltweit in allen wichtigen Shops

- Verdienen Sie an jedem Verkauf

Jetzt bei www.GRIN.com hochladen
und kostenlos publizieren

Strategien zur Terrorismusbekämpfung in Europa. Eine Analyse von 2005 bis 2024

Bibliografische Information der Deutschen Nationalbibliothek:

Die Deutsche Nationalbibliothek verzeichnet diese Publikation in der Deutschen Nationalbibliografie; detaillierte bibliografische Daten sind im Internet über http://dnb.d-nb.de abrufbar.

ISBN: 9783389024263
Dieses Buch ist auch als E-Book erhältlich.

© GRIN Publishing GmbH
Trappentreustraße 1
80339 München

Druck und Bindung: Books on Demand GmbH, Norderstedt Germany
Gedruckt auf säurefreiem Papier aus verantwortungsvollen Quellen

Das Buch bei GRIN: https://www.grin.com/document/1473931

Inhaltsverzeichnis

Einleitung

Der Terrorismus stellt eine ständige Bedrohung für die globale Sicherheit dar und führt zu verheerenden menschlichen und wirtschaftlichen Verlusten. In den letzten Jahren von 2005 bis 2024, gab es weltweit signifikante Trends im Terrorismus, einschließlich einer Zunahme der Häufigkeit von Anschlägen in einigen Regionen und einem Rückgang in anderen (Goertz & Stockhammer, 2023, S. 115). Regierungen und Sicherheitsbehörden auf der ganzen Welt haben auf diese Bedrohung reagiert, indem sie verschiedene nationale Maßnahmen zur Verringerung der Häufigkeit von Terroranschlägen ergriffen haben (Rothenberger, 2020, S. 81-83).

Die Untersuchung der Terrorismusbekämpfung in Europa in diesen Jahren kann wertvolle Informationen über die Wirksamkeit der verschiedenen Strategien und Maßnahmen zur Terrorismusbekämpfung liefern (Möller, 2020, S. 1-3). Da die Bedrohung durch den Terrorismus für Länder auf der ganzen Welt nach wie vor ein großes Problem darstellt, ist es von entscheidender Bedeutung, zu verstehen, wie die verschiedenen Ansätze in der Praxis funktionieren. Darüber hinaus bietet die europäische Erfahrung eine einzigartige Perspektive für die Überschneidung von Sicherheit, Menschenrechten und Demokratie.

In den letzten zehn Jahren ist die Bedrohung durch den Terrorismus für Länder auf der ganzen Welt zu einem großen Problem geworden. Europa war besonders stark von Terroranschlägen betroffen, was dazu geführt hat, dass die Wirksamkeit von Maßnahmen zur Terrorismusbekämpfung stärker in den Mittelpunkt gerückt ist. In früheren Forschungsarbeiten wurden verschiedene Strategien und Ansätze zur Terrorismusbekämpfung in Europa untersucht und die Stärken und Schwächen der einzelnen Maßnahmen herausgestellt (Hummer, 2017, S. 145). Eine der wirksamsten Maßnahmen, die in früheren Studien ermittelt wurden, ist die verstärkte Überwachung und Sammlung von Informationen (Hegemann & Kahl, 2018; S. 114-115). Dieser Ansatz, der auch die Überwachung von Einzelpersonen und Gruppen umfasst, die im Verdacht stehen, Verbindungen zum Terrorismus zu haben, hat in einigen Fällen erfolgreich zur Verhinderung von Anschlägen beigetragen. Im Vereinigten Königreich zum Beispiel konnte de Inlandsgeheimdienst MI5 durch seine Überwachungsmaßnahmen mehrere Terroranschläge verhindern (Chalkiadaki, 2017, S. 425). Auch in Frankreich haben die Geheimdienste in den letzten Jahren mehrere Terroranschläge durch Überwachung verhindert (Schmid, 2019, S. 145). Der Einsatz von Überwachung und nachrichtendienstlicher Erfassung hat jedoch auch Bedenken hinsichtlich der Privatsphäre und der bürgerlichen Freiheiten aufgeworfen. Kritiker argumentieren, dass diese Maßnahmen invasiv sein und zu einer ungerechten Ausrichtung auf bestimmte Personen und Gruppen führen können. In einigen Fällen hat die Überwachung auch nicht dazu geführt, dass Anschläge verhindert werden konnten, wie im Fall des Bombenanschlags in Manchester 2017, der sich ereignete, obwohl der Täter im Visier der Geheimdienstmitarbeiter war (Goertz & Stockhammer, 2023, S. 134-135).

Das Verständnis von Trends und Strategien im Zusammenhang mit Terrorismus ist für den globalen Kampf gegen diese Gewalttaten von entscheidender Bedeutung. Mit dieser Arbeit sollen wichtige Informationen und Empfehlungen für die Gestaltung von Strategien und Praktiken geliefert werden. Die Verringerung des Terrorismus in Europa ist ein wichtiges und faszinierendes Forschungsthema, weil es wertvolle Informationen über die Wirksamkeit von Maßnahmen zur Bekämpfung terroristischer Aktivitäten liefert.

Diese Arbeit stützt sich auf den im nächsten Kapitel erörterten akademischen Diskurs. Die Arbeit analysiert terroristische Vorfälle und untersucht die Literatur über Versicherheitlichung, politische Theorie, theoretische Rahmen von Sicherheitsbedrohungen und struktureller Gewalt sowie postkoloniale Gewalt. Darüber hinaus werden neuere Veröffentlichungen zu politischen und sicherheitspolitischen Entwicklungen in Europa mit dem Schwerpunkt auf Maßnahmen zur Terrorismusbekämpfung erörtert. Daraus folgt die Identifizierung von Lücken in der bestehenden Literatur, die Empfehlungen zur Sicherheit und das Fazit.

Theoretischer Hintergrund

Versicherheitlichung

Die Kopenhagener Schule der Sicherheitsstudien argumentiert, dass Sicherheitsbedrohungen nicht objektiv sind, sondern von politischen Akteuren geschaffen werden, die ein Problem durch einen Sprechakt als Sicherheitsbedrohung darstellen. Durch diesen Prozess der Versicherheitlichung wird ein nicht sicherheitsrelevantes Problem zu einem Sicherheitsproblem, das außergewöhnliche Maßnahmen erfordert und den Einsatz von Gewalt rechtfertigt (Buzan et al., 1998, S. 12). Im Falle des Terrorismus hat die Versicherheitlichung dazu geführt, dass Maßnahmen zur Terrorismusbekämpfung auf nationaler und internationaler Ebene Vorrang haben (Peeck-Ho, 2019, S. 255).

Foucaults (2008) Konzept der Wahrheitsregime ist auch für das Verständnis der Versicherheitlichung des Terrorismus von Bedeutung. Wahrheitsregime beziehen sich darauf, wie Wissen in einem bestimmten sozialen, politischen und kulturellen Kontext produziert, verbreitet und legitimiert wird. Im Kontext der Terrorismusbekämpfung haben Wahrheitsregime zu einer bestimmten Darstellung des Terrorismus als existenzielle Bedrohung der westlichen Gesellschaften beigetragen. Dieses Narrativ wurde verwendet, um die Versicherheitlichung des Terrorismus und die außerordentlichen Maßnahmen zu seiner Bekämpfung zu legitimieren.

Wissenschaftler haben die Theorie der Versicherheitlichung auf das Thema der Terrorismusbekämpfung in Europa angewandt, um zu verstehen, wie der Terrorismus zu einer Sicherheitsbedrohung wurde und wie dies zur Umsetzung außergewöhnlicher Strategien und Maßnahmen führte. Einer dieser Wissenschaftler, Huysmans (2006), argumentiert, dass die Versicherheitlichung des Terrorismus zur Aushöhlung der bürgerlichen Freiheiten und zur Normalisierung außergewöhnlicher Politiken und Maßnahmen im Namen der Sicherheit geführt hat. Ähnlich argumentiert Bigo (2002), dass die Versicherheitlichung des Terrorismus zur Entstehung eines „Sicherheitsstaates" geführt hat, in dem Sicherheitsfragen Vorrang vor allen anderen politischen Überlegungen haben.

Diese Studien zeigen, wie wichtig es ist, die Versicherheitlichung des Terrorismus in Europa und ihre Auswirkungen auf die bürgerlichen Freiheiten und die demokratische Staatsführung kritisch zu untersuchen. Durch eine kritische Untersuchung der Versicherheitlichungstheorie und ihrer Anwendung auf das Problem der Terrorismusbekämpfung in Europa können Wissenschaftler wertvolle Einblicke in die umgesetzten Strategien und Maßnahmen und ihre möglichen Auswirkungen auf die bürgerlichen Freiheiten und die demokratische Staatsführung gewinnen.

Balzacs (2005) Versicherheitlichungstheorie bietet einen Rahmen für eine detailliertere Analyse des Versicherheitlichungsprozesses. Nach dieser Theorie umfasst die Versicherheitlichung drei Phasen: Problemkonstruktion, Mobilisierung des Publikums und politische Reaktion. Im Falle des Terrorismus wird das Problem des Terrorismus als Sicherheitsbedrohung konstruiert, die Öffentlichkeit wird mobilisiert, um außergewöhnliche Antiterrormaßnahmen zu unterstützen, und es werden politische Maßnahmen umgesetzt, um der wahrgenommenen Bedrohung zu begegnen.

Es kann also davon ausgegangen werden, dass die Versicherheitlichung des Terrorismus in der nationalen Perspektive der EU-Mitgliedsstaaten zu einer Priorisierung von Maßnahmen zur Terrorismusbekämpfung geführt hat, einschließlich der Umsetzung von außergewöhnlichen Maßnahmen und der Anwendung von Gewalt. Dieser Versicherheitlichungsprozess wurde durch die

Schaffung eines bestimmten Narratives des Terrorismus als existenzielle Bedrohung der westlichen Gesellschaften legitimiert.

Die Versicherheitlichungstheorie legt zudem nahe, dass die Versicherheitlichung des Terrorismus die Konstruktion von Problemen, die Mobilisierung des Publikums und die politische Reaktion umfasst. Es ist davon auszugehen, dass die Versicherheitlichung des Terrorismus in der EU diese drei Phasen umfasste, was zur Priorisierung der Terrorismusbekämpfung führte. Verschiedene Bereiche der Sicherheit, wie z. B. die militärische, politische, soziale und wirtschaftliche Sphäre, artikulieren Sicherheitsbedrohungen auf unterschiedliche Weise. Diese Sektoren haben oft unterschiedliche Prioritäten und Interessen, die ihre Herangehensweise an die Politik zur Terrorismusbekämpfung beeinflussen können.

Der militärische Bereich kann Sicherheitsbedrohungen auf der Grundlage militärischer Fähigkeiten formulieren. Im Zusammenhang mit dem Terrorismus kann der Sektor der Anwendung von Gewalt zur Zerschlagung terroristischer Gruppen und ihrer Infrastruktur Priorität einräumen (Berger, 2020, S. 581). Der Militärsektor kann auch an internationalen Militäroperationen beteiligt sein, um terroristische Aktivitäten im Ausland zu unterbinden. Der Einsatz von militärischer Gewalt kann jedoch umstritten sein, da er zivile Opfer fordern und zur Radikalisierung von Personen beitragen kann (Pape, 2003, S. 343).

Der politische Sektor kann Sicherheitsbedrohungen als politische Instabilität oder Terrorismus interpretieren (Banai & Kreide, 2019, S. 89). Dieser Sektor kann der Umsetzung von Anti-Terror-Maßnahmen Vorrang einräumen, um Terroranschläge zu verhindern und die nationale Sicherheit zu schützen. Dazu kann die Entwicklung von Gesetzen und Vorschriften gehören, die die Überwachung, das Sammeln von Informationen und die Strafverfolgung verbessern sollen. Die Umsetzung solcher Maßnahmen kann jedoch auch zu Problemen mit den bürgerlichen Freiheiten und den Menschenrechten führen (Lavenex & Uçarer, 2004, S. 417).

Der soziale Sektor kann eine Sicherheitsbedrohung in Form von sozialen Unruhen oder Kriminalität darstellen. Der Sektor kann der Förderung der sozialen Eingliederung und der Verhinderung sozialer Ausgrenzung Priorität einräumen, um das Risiko von Radikalisierung und Terrorismus zu verringern (Statham & Koopmans, 2013, S. 141). Dazu kann die Entwicklung von Programmen zur Förderung des interkulturellen Dialogs, der Gemeinschaftsbildung und des bürgerschaftlichen Engagements gehören. Der öffentliche Sektor kann auch an der Bereitstellung sozialer Dienste für radikalisierungsgefährdete Gemeinschaften beteiligt werden.

Der Wirtschaftssektor kann Sicherheitsbedrohungen in Form von wirtschaftlicher Stabilität oder Finanzkrisen artikulieren (Maes, 2018, S. 12). Der Sektor kann der Entwicklung von Strategien zur Förderung des Wirtschaftswachstums, zur Verringerung der Armut und zur Beseitigung von Ungleichheit Vorrang einräumen. Dazu kann die Umsetzung von Maßnahmen gehören, die auf die Schaffung von Arbeitsplätzen, die Förderung des Unternehmertums und die Förderung von Innovationen abzielen. Der Unternehmenssektor kann auch finanzielle Hilfe und Unterstützung für Einzelpersonen und Gemeinschaften bereitstellen, die von Terrorismus oder anderen Sicherheitsbedrohungen betroffen sind.

Im Zusammenhang mit dem Terrorismus in der Europäischen Union spielt jeder dieser Bereiche eine entscheidende Rolle bei der Terrorismusbekämpfung. Der militärische Sektor ist an internationalen Militäroperationen beteiligt, die darauf abzielen, terroristische Aktivitäten im Ausland zu unterbinden, wie etwa der Kampf gegen ISIS im Irak und in Syrien. Der politische Sektor hat Maßnahmen zur Terrorismusbekämpfung ergriffen, die darauf abzielen, Terroranschläge zu verhindern und die nationale Sicherheit zu schützen, zum Beispiel durch verstärkte Überwachung und nachrichtendienstliche Erkenntnisse. Der öffentliche Sektor förderte die soziale Eingliederung und verhinderte die soziale Ausgrenzung als Mittel zur Verringerung des Risikos von Radikalisierung und Terrorismus, zum Beispiel durch Programme zur Förderung des interkulturellen Dialogs und der Gemeinschaftsbildung. Der Wirtschaftssektor hat zum Wirtschaftswachstum, zur Verringerung der Armut und zur Beseitigung der Ungleichheit beigetragen, was wiederum zur Verringerung der sozialen Bedingungen beitragen kann, die zu Terrorismus führen. Der französische Vigipirate-Plan ist ein Paradebeispiel für die Versicherheitlichung von Maßnahmen zur Terrorismusbekämpfung in Europa (Perwita, 2019, S. 1ff.). Laut Guillaume-Barry (2019) hat die Versicherheitlichung von Maßnahmen zur Terrorismusbekämpfung in Europa, wie der französische Vigipirate-Plan, zur Marginalisierung und Stigmatisierung muslimischer Gemeinschaften geführt. Der Plan wurde als Reaktion auf eine Welle von Terroranschlägen in Frankreich umgesetzt und wurde kritisiert, weil er möglicherweise die bürgerlichen Freiheiten und demokratischen Werte untergräbt. Der Plan ist weithin sichtbar: Bewaffnete Soldaten und Polizisten patrouillieren an öffentlichen Orten wie Bahnhöfen und Flughäfen. Diese unübersehbare Sicherheitspräsenz soll potenzielle Terroristen abschrecken und die Öffentlichkeit beruhigen, wurde aber auch kritisiert, weil sie eine Kultur der Angst schaffen kann. Guillaume-Barry (2019) argumentiert, dass die Versicherheitlichung des Terrorismus zur Konstruktion eines binären Gegensatzes zwischen „uns" und „ihnen" geführt hat, wobei Muslime als „andere" eingestuft und zu potenziellen Terroristen gemacht werden, was zur Marginalisierung und Stigmatisierung muslimischer Gemeinschaften führt. Dies hat Auswirkungen auf die demokratische Staatsführung und die bürgerlichen Freiheiten, da die Versicherheitlichung von Anti-Terror-Maßnahmen zur Normalisierung von Sondermaßnahmen und Aktionen im Namen der Sicherheit führen kann. Dieses Beispiel der Versicherheitlichung ist auch für den Abschnitt über die Theorie der Politikgestaltung von Bedeutung, da es die potenziellen Auswirkungen einer Priorisierung der Sicherheit gegenüber anderen politischen Überlegungen aufzeigt.

Theorie der Politikgestaltung

Die Theorie der Politikgestaltung ist ein interdisziplinäres Gebiet, das zu verstehen versucht, wie politische Maßnahmen konzipiert und umgesetzt werden. Sie umfasst die Untersuchung von Faktoren, die die Politikentwicklung beeinflussen, wie die Rolle der verschiedenen Akteure, der politische Kontext und der Einfluss externer Faktoren wie internationale Normen und Standards. Im Zusammenhang mit der Terrorismusbekämpfung kann die Theorie der Politikgestaltung helfen zu erklären, warum und wie bestimmte Politiken und Maßnahmen umgesetzt wurden (Sabatier, 2000, S. 11f.).

Verschiedene Sicherheitsbereiche wie der militärische, der politische, der soziale und der wirtschaftliche Sektor haben unterschiedliche Methoden zur Formulierung von Sicherheitsbedrohungen. Diese Sektoren haben oft unterschiedliche Prioritäten und Interessen, die sich auf ihre Vorgehensweise bei der Terrorismusbekämpfung auswirken können. So kann der militärische Sektor beispielsweise der Anwendung von Gewalt zur Zerschlagung terroristischer Gruppen und ihrer Infrastruktur den Vorrang geben, während der soziale Sektor die Förderung der sozialen Eingliederung und die Verhinderung sozialer Ausgrenzung als Mittel zur Verringerung der Gefahr von Radikalisierung und Terrorismus in den Vordergrund stellt (Statham & Koopmans, 2013, S. 141). Die Umsetzung der Politik ist der wichtigste Aspekt der Politikentwicklung und beinhaltet die Umsetzung der politischen Ziele in die Praxis.

Die Umsetzung von Strategien und Maßnahmen zur Terrorismusbekämpfung in Europa wird von einer Reihe von Faktoren beeinflusst, darunter der politische Kontext, die Verwaltungskapazität und die öffentliche Meinung (Hill & Hupe, 2002, S. 1ff.). Auch externe Faktoren wie internationale Normen und Standards beeinflussen den politischen Entscheidungsprozess. Internationale Organisationen wie die Vereinten Nationen und die Europäische Union spielen eine Schlüsselrolle bei der Gestaltung von

Strategien und Maßnahmen zur Terrorismusbekämpfung in Europa, indem sie internationale Normen und Standards fördern (Bures & Bätz, 2021, S. 81f.).

Ein wichtiges Konzept in der Theorie der Politikgestaltung ist das Politikfeedback. Die Rückkopplung der Politik bezieht sich darauf, wie die Ergebnisse der Politik künftige politische Entscheidungen beeinflussen. Im Zusammenhang mit der Terrorismusbekämpfung kann die Politikrückkopplung dazu beitragen, zu erklären, wie frühere politische Entscheidungen aktuelle politische Maßnahmen und Aktionen beeinflusst haben und wie aktuelle politische Maßnahmen und Aktionen zukünftige Entscheidungen beeinflussen können (Pearson, 2000, S. 251). Um die Wirksamkeit der Politiken und Maßnahmen zur Terrorismusbekämpfung in Europa zu verstehen, ist es wichtig, die durchgeführten Politiken und Maßnahmen und ihre Auswirkungen auf die Gesellschaft zu untersuchen. Durch die Untersuchung einer Reihe von Faktoren, darunter die Art der umgesetzten Politiken und Maßnahmen, die Höhe der für Sicherheitsbemühungen bereitgestellten Mittel und die Wirksamkeit der Informationserfassung und -weitergabe, können Forscher wertvolle Einblicke in die umgesetzten Politiken und Maßnahmen und ihre möglichen Auswirkungen auf die bürgerlichen Freiheiten und die demokratische Staatsführung gewinnen (Bigo, 2002, S. 71).

Diese Theorie spielt eine entscheidende Rolle bei der Gestaltung der Politik der Europäischen Union zur Terrorismusbekämpfung. Die Rational-Choice-Theorie legt zum Beispiel nahe, dass politische Entscheidungsträger ihre Entscheidungen auf der Grundlage einer Kosten-Nutzen-Analyse der verfügbaren Optionen treffen sollten. Diese Theorie findet seit 2005 in der EU-Politik zur Terrorismusbekämpfung breite Anwendung. Durch die Analyse der Kosten und Vorteile verschiedener Ansätze können die politischen Entscheidungsträger die wirksamste Strategie zur Terrorismusbekämpfung wählen (Bittle et al., 2018, S. 251). Darüber hinaus unterstreicht die Institutionentheorie die Bedeutung formeller und informeller Regeln, Normen und Werte für die Gestaltung der politischen Ergebnisse. Die EU hat sich diese Theorie seit 2005 bei der Entwicklung ihrer Politik zur Terrorismusbekämpfung zunutze gemacht. Der institutionelle Rahmen der EU für die Terrorismusbekämpfung, einschließlich der Schaffung von Europol und Eurojust, spiegelt die Betonung der Institutionentheorie auf formale Regeln und Verfahren wider (Knelangen, 2006, S. 5).

Die sozialkonstruktivistische Theorie unterstreicht die Bedeutung von Normen, Werten und Ideen für die Gestaltung politischer Ergebnisse. Die EU-Anti-Terrorismus-Politik hat diese Theorie genutzt, um die Bedeutung von Menschenrechten und bürgerlichen Freiheiten im Kampf gegen den Terrorismus zu betonen. Die Betonung von Rechtsstaatlichkeit, Demokratie und Menschenrechten in der Anti-Terror-Politik der EU spiegelt diese sozialkonstruktivistische Perspektive wider (Rothenberger, 2020, S. 86f.). Durch eine kritische Untersuchung der Theorie der Politikgestaltung und ihrer Anwendung im Kontext der Terrorismusbekämpfung in Europa können Wissenschaftler Bereiche identifizieren, in denen zusätzliche Forschung erforderlich ist, um die Wirksamkeit von Strategien und Maßnahmen zur Terrorismusbekämpfung weiter zu verbessern. Dies kann dazu beitragen, Strategien zur Verhinderung und Bekämpfung des Terrorismus in der EU zu entwickeln und sicherzustellen, dass die Strategien und Maßnahmen zur Terrorismusbekämpfung im Einklang mit demokratischen Werten und Menschenrechten stehen (Lavenex & Uçarer, 2004, S. 428).

Strukturelle Gewalt und postkoloniale Gewalt

Strukturelle Gewalt und postkoloniale Gewalt sind zwei Faktoren, die mit dem Anstieg des Terrorismus und der Umsetzung von Antiterrormaßnahmen in der Europäischen Union zusammenhängen. Strukturelle Gewalt bezieht sich auf die Art und Weise, in der soziale Strukturen und Institutionen Ungleichheit und Ungerechtigkeit aufrechterhalten und zur Marginalisierung und Unterdrückung bestimmter Gruppen führen. Dazu gehören die ungleiche Verteilung von Ressourcen, Chancen und Macht sowie Diskriminierung und Vorurteile aufgrund von Rasse, Geschlecht, Religion oder anderen Merkmalen (Möller, 2016, S. 259). Postkoloniale Gewalt hingegen bezieht sich auf Gewalt, die gegen kolonisierte Völker und ihre Nachkommen ausgeübt wird, oft im Namen der nationalen Sicherheit oder der Terrorismusbekämpfung. Sie beinhaltet den Einsatz von Gewalt, Folter, Inhaftierung und anderen Formen der Nötigung, um abweichende Meinungen zu unterdrücken und die Kontrolle über Gebiete und Bevölkerungen aufrechtzuerhalten (Möller, 2016, S. 261). Terrorismus kann als Reaktion auf strukturelle Gewalt und postkoloniale Gewalt gesehen werden, wenn marginalisierte Gruppen versuchen, den Status quo in Frage zu stellen und ihre Rechte und Autonomie durchzusetzen. Dies kann in Form von politischer Gewalt wie Bombenanschlägen, Attentaten und Entführungen, aber auch in Form von gewaltlosem Widerstand wie Demonstrationen, Streiks und Boykotten geschehen. Die Durchführung von Maßnahmen zur Terrorismusbekämpfung als Reaktion auf den Terrorismus kann diese Probleme oft noch verschärfen, da sie die Ausgrenzung und Unterdrückung bestimmter Gruppen weiter vorantreiben kann.

Strukturelle Gewalt bezieht sich auf die Art und Weise, in der soziale Strukturen und Institutionen Ungleichheit und Ungerechtigkeit aufrechterhalten und zur Marginalisierung und Unterdrückung bestimmter Gruppen führen (Grant-Hayford & Scheyer, 2016, S. 1ff.). Im Zusammenhang mit der Terrorismusbekämpfung kann strukturelle Gewalt viele Formen annehmen, darunter Diskriminierung, Belästigung, Überwachung und Verletzung von Bürger- und Menschenrechten.

In Deutschland hat die Versicherheitlichung der Anti-Terror-Maßnahmen zur Marginalisierung und Stigmatisierung muslimischer Gemeinschaften geführt (Schmid, 2019, S. 154). Die deutsche Regierung wurde dafür kritisiert, dass sie im Namen der Terrorismusbekämpfung Überwachung und Profiling einsetzt, was zur Verfolgung von Muslimen aufgrund ihres religiösen und ethnischen Hintergrunds führt. Darüber hinaus hat die Bundesregierung Maßnahmen ergriffen, um die Radikalisierung junger Muslime zu verhindern, was kritisiert wurde, weil dadurch Stereotypen aufrechterhalten und muslimische Gemeinschaften stigmatisiert werden können.

In Spanien wurde die Versicherheitlichung der Anti-Terror-Maßnahmen mit der Aushöhlung der bürgerlichen Freiheiten und der demokratischen Staatsführung in Verbindung gebracht (Theveßen, 2023, S. 156). Die spanische Regierung hat eine Reihe von Maßnahmen zur Terrorismusbekämpfung ergriffen, darunter den Einsatz von Überwachung, nachrichtendienstlicher Aufklärung und Strafverfolgung. Diese Maßnahmen sind jedoch häufig wegen ihrer Auswirkungen auf die Bürger- und Menschenrechte kritisiert worden. So wurde die spanische Regierung beschuldigt, im Namen der Terrorismusbekämpfung Folter und andere Formen der Nötigung anzuwenden, was zur Normalisierung außergewöhnlicher Strategien und Maßnahmen beigetragen hat.

In Frankreich hat die Versicherheitlichung der Antiterrormaßnahmen die muslimischen Gemeinschaften an den Rand gedrängt und stigmatisiert (Janssen, 2018, S. 136). Die französische Regierung hat eine Reihe von Maßnahmen zur Terrorismusbekämpfung ergriffen, darunter die Umsetzung des Vigipirate-Plans, der für seine Fähigkeit kritisiert wurde, eine Kultur der Angst zu schaffen und Muslime aufgrund ihres religiösen und ethnischen Hintergrunds zu verfolgen (Perwita, 2019, S. 1ff.). Darüber hinaus wurde der französischen Regierung vorgeworfen, außergewöhnliche Strategien und Maßnahmen wie den Ausnahmezustand einzusetzen, um die bürgerlichen Freiheiten und die demokratische Staatsführung zu untergraben.

Im Vereinigten Königreich wurde die Versicherheitlichung der Anti-Terror-Maßnahmen mit Verletzungen der bürgerlichen Freiheiten und der Menschenrechte in Verbindung gebracht (Brunn, 2013, S. 76f.). Die britische Regierung hat eine Reihe von Maßnahmen zur Terrorismusbekämpfung ergriffen, darunter den Einsatz von Überwachungsmaßnahmen, nachrichtendienstliche Ermittlungen und Strafverfolgung. Diese Maßnahmen sind jedoch häufig wegen ihrer Auswirkungen auf die Bürger- und Menschenrechte kritisiert worden. So wurde der britischen Regierung vorgeworfen, mit außergewöhnlichen Strategien und Maßnahmen wie der unbefristeten Inhaftierung ohne Gerichtsverfahren die bürgerlichen Freiheiten und die demokratische Staatsführung zu untergraben.

In Belgien hat die Versicherheitlichung der Maßnahmen zur Terrorismusbekämpfung muslimische Gemeinschaften an den Rand gedrängt und stigmatisiert (Schmid, 2019, S. 152f.). Die belgische Regierung hat eine Reihe von Maßnahmen zur Terrorismusbekämpfung ergriffen, darunter Überwachung, nachrichtendienstliche Ermittlungen und Strafverfolgungsmaßnahmen. Diese Maßnahmen sind jedoch häufig wegen ihrer Auswirkungen auf die Bürger- und Menschenrechte kritisiert worden. So wurde der belgischen Regierung beispielsweise vorgeworfen, mit außergewöhnlichen Maßnahmen und Strategien wie Massenverhaftungen von Verdächtigen die bürgerlichen Freiheiten und die demokratische Staatsführung zu untergraben.

Die Maßnahmen zur Terrorismusbekämpfung selbst können ebenfalls als eine Form der strukturellen Gewalt angesehen werden, da sie häufig mit Gewaltanwendung und der Verletzung von Bürger- und Menschenrechten einhergehen. Die Versicherheitlichung des Terrorismus und die Umsetzung von Notfallstrategien und die Maßnahmen im Namen der Sicherheit können zur Normalisierung der strukturellen Gewalt und zur Aushöhlung der demokratischen Staatsführung beitragen. Dazu können die Ausweitung der polizeilichen Befugnisse, der Einsatz militärischer Gewalt, die Einschränkung der Meinungs- und Versammlungsfreiheit sowie die Einschränkung der Privatsphäre und der Rechte auf ein ordnungsgemäßes Verfahren gehören (Huysmans, 2006, S. 21ff.). Darüber hinaus kann die Bevorzugung von Strategien und Maßnahmen zur Terrorismusbekämpfung gegenüber anderen politischen Erwägungen dazu führen, dass Themen wie soziale Ausgrenzung, Armut und Ungleichheit vernachlässigt werden, wodurch strukturelle Gewalt fortbestehen und bestimmte Gruppen an den Rand gedrängt werden können. Dies kann zu einem Teufelskreis von Gewalt und Unterdrückung führen, in dem die Maßnahmen zur Terrorismusbekämpfung weiteren Unmut und Ressentiments erzeugen, die zu weiterer Gewalt und Unterdrückung führen (Hegemann & Kahl, 2018, S. 128ff.).

Der Terrorismus in der Europäischen Union ist ein komplexes Problem mit vielen Ursachen, darunter auch postkoloniale Gewalt. Es wurde argumentiert, dass das Erbe des Kolonialismus und seine Auswirkungen mit den Grundursachen des Terrorismus verbunden sind, wie Hegemann und Kahl (2018) feststellen, die argumentieren, dass der Terrorismus ein Produkt der kolonialen Begegnung ist, ein Erbe des Kolonialismus, das die Welt weiterhin heimsucht. Dies gilt insbesondere für Länder wie Frankreich, das eine koloniale Vergangenheit in Nordafrika hat. Die Marginalisierung nordafrikanischer Einwanderer in Frankreich wird als ein Faktor für den Anstieg des Terrorismus in diesem Land angeführt. Die Zunahme des Terrorismus in der Europäischen Union hat zu Maßnahmen zur Terrorismusbekämpfung geführt, die häufig als diskriminierend gegenüber muslimischen Gemeinschaften kritisiert wurden. Diese Maßnahmen gingen häufig mit der Erstellung von Rassenprofilen, Überwachung und anderen Formen der Diskriminierung einher. So wurde beispielsweise die britische Prevent-Strategie dafür kritisiert, dass sie muslimische Gemeinschaften stigmatisiert und ein Klima des Misstrauens schafft (Karim, 2018, S. 37). Auch der Ausnahmezustand in Frankreich, der nach den Anschlägen von Paris 2015 verhängt wurde, wurde wegen seiner Auswirkungen auf die bürgerlichen Freiheiten und seiner Fokussierung auf muslimische Gemeinschaften kritisiert (Wihl, 2017, S. 71). Neben der diskriminierenden Anti-Terror-Politik wurden die EU-Mitgliedstaaten auch für ihre Rolle bei der Aufrechterhaltung der Gewalt in den vom Terrorismus betroffenen Ländern kritisiert. So wurde beispielsweise die Außenpolitik des Vereinigten Königreichs im Nahen Osten dafür kritisiert, dass sie das Risiko des Terrorismus erhöht (Rüger, 2021, S. 621). Ebenso wurde Frankreichs Intervention in Mali kritisiert, weil sie den Konflikt in der Region anheizt (Ehrhart, 2015, S. 35ff.). Dies hat zu einem Anstieg der terroristischen Aktivitäten geführt und zur Verbreitung von Islamophobie in der EU beigetragen.

Um diese Herausforderungen zu bewältigen, ist es wichtig, die Ursachen des Terrorismus und die Auswirkungen von Strategien und Maßnahmen zur Terrorismusbekämpfung auf die Gesellschaft kritisch zu analysieren. Dies erfordert einen interdisziplinären Ansatz, der Erkenntnisse aus Politikwissenschaft, Soziologie, Psychologie, Anthropologie und anderen Bereichen kombiniert. Durch die Ermittlung von Faktoren, die zur Marginalisierung und Unterdrückung bestimmter Gruppen beitragen, können politische Entscheidungsträger und Sicherheitsexperten faktengestützte Strategien zur Verhütung und Bekämpfung des Terrorismus in der EU entwickeln, die mit demokratischen Werten und Menschenrechten vereinbar sind. Dazu können Strategien und Maßnahmen gehören, die darauf abzielen, soziale Ausgrenzung, Armut und Ungleichheit zu verringern, den interkulturellen Dialog und das Verständnis zu fördern und bürgerschaftliches Engagement und Partizipation zu unterstützen. Darüber hinaus können politische Entscheidungsträger und Sicherheitsexperten durch kritischen Dialog und Reflexion die Annahmen und Vorurteile in Frage stellen, die der Versicherheitlichung des Terrorismus und der Umsetzung von Exzeptionalismusstrategien und -maßnahmen zugrunde liegen. Dies kann dazu beitragen, dass die Strategien und Maßnahmen zur Terrorismusbekämpfung auf demokratischen Grundsätzen und Menschenrechten beruhen und keine strukturelle und postkoloniale Gewalt verewigen (Lavenex & Uçarer, 2015, S. 435f.).

Lücken in der Literatur

Dieser Abschnitt bietet einen aktuellen Überblick über die politischen und sicherheitspolitischen Entwicklungen, die zum Rückgang des Terrorismus in der Europäischen Union geführt haben. Verschiedenen Studien zufolge haben mehrere Faktoren den Rückgang des Terrorismus in der EU beeinflusst. So analysierten Powers et al. (2023) die veränderte Strategie der EU-Mitgliedstaaten, die ihre eigene Sicherheit über die Förderung der Demokratisierung in mehreren Ländern des Nahen Ostens und Nordafrikas stellen. Binder und Kenyon (2022) untersuchten die Auswirkungen von Terrorismus und terroristischen Bedrohungen auf politische Veränderungen, insbesondere auf die Überwachung. Bove et al. (2021) erwähnten die Auswirkungen von Terroristen auf die Einwanderungspolitik in einigen EU-Ländern.

Es gibt jedoch keine Studie, die die Auswirkungen spezifischer sicherheitspolitischer Veränderungen untersucht hat, wie z. B. Informationsaustausch, Zusammenarbeit der Strafverfolgungsbehörden, Grenzschutz, Deradikalisierungsprogramme, militärische Maßnahmen und Gegennarrative wurden für terroristische Aktivitäten in allen EU-Ländern gründlich analysiert. Einige Studien haben sich zwar ausschließlich auf die Eindämmung des Terrorismus im Nahen Osten und in Nordafrika oder auf neue politische Maßnahmen der europäischen Länder konzentriert, doch haben sie es größtenteils versäumt, die Ursachen und Folgen der verschiedenen in der Region umgesetzten Maßnahmen darzustellen. Es ist wichtig zu verstehen, wie diese Maßnahmen dazu beigetragen haben, dass die Zahl der Anschläge im Jahr 2021 deutlich zurückgegangen ist und eine große Zahl von Straftätern festgenommen wurde.

Auch andere Studien haben verschiedene Faktoren beleuchtet, die zum Rückgang des Terrorismus in Europa beigetragen haben. So argumentierten Enders und Sandler (2012), dass Wirtschaftswachstum und Entwicklung zu einem Rückgang des Terrorismus führen können. Sie fanden heraus, dass ein Anstieg des Pro-Kopf-BIP um 1 % die Wahrscheinlichkeit von Terroranschlägen um 8,3 % verringern kann. In ähnlicher Weise stellten Krieger und Meierrieks (2011) fest, dass politische Institutionen und eine gute Regierungsführung die Häufigkeit von Terroranschlägen erheblich verringern können. Sie stellten fest, dass in Ländern mit demokratischeren Regimen und besseren Regierungsstrukturen weniger Terroranschläge verübt werden. Darüber hinaus haben einige Studien betont, wie wichtig die Bekämpfung extremistischer Ideologien und die Förderung der sozialen Eingliederung für die Eindämmung des Terrorismus sind. So argumentieren Schuurman und Carthy (2023), dass die Behandlung sozialer Fragen und die Förderung einer integrativen Staatsführung die Anziehungskraft extremistischer Ideologien verringern können. In ähnlicher Weise betonten Pistone et al. (2019) die Notwendigkeit, die soziale Eingliederung zu fördern und soziale Ausgrenzung zu verhindern, um das Risiko von Radikalisierung und Terrorismus zu verringern. Darüber hinaus haben einige Wissenschaftler die Bedeutung der internationalen Zusammenarbeit und Koordinierung bei der Terrorismusbekämpfung hervorgehoben. So argumentieren Goertz et al. (2019), dass der Informationsaustausch und die Zusammenarbeit der Strafverfolgungsbehörden die Häufigkeit von Terroranschlägen erheblich verringern können. Sie stellten fest, dass in Ländern, die Informationen austauschen und bei der Strafverfolgung kooperieren, weniger Terroranschläge verübt werden. Einige Wissenschaftler betonen die Bedeutung der internationalen Zusammenarbeit und Koordination im Kampf gegen den Terrorismus. So argumentieren Goertz et al. (2019), dass der Informationsaustausch und die Zusammenarbeit bei der Strafverfolgung die Häufigkeit von Terroranschlägen erheblich verringern können. Sie stellten fest, dass Länder, die Informationen austauschten und bei der Strafverfolgung kooperierten, weniger Terroranschläge verübten.

Einige Wissenschaftler haben die Wirksamkeit der Politik und der Maßnahmen zur Terrorismusbekämpfung in der Europäischen Union untersucht. Sellier (2018) führte eine Studie über die Wirksamkeit der Terrorismusbekämpfung in der EU durch und konzentrierte sich dabei auf die Rolle der EU-Institutionen bei der Gestaltung der Terrorismusbekämpfungspolitik. Sellier (2018) kam zu dem Ergebnis, dass die EU-Institutionen eine Schlüsselrolle bei der Entwicklung von Anti-Terror-Politiken und -Maßnahmen in der EU gespielt haben, die Wirksamkeit dieser Politiken jedoch durch die mangelnde Koordination und Zusammenarbeit zwischen den Mitgliedstaaten eingeschränkt wurde. Eine weitere Studie von Schuurman et al. (2018) untersuchten die Wirksamkeit von Maßnahmen zur Terrorismusbekämpfung in den Niederlanden. Sie stellten fest, dass die Maßnahmen zur Terrorismusbekämpfung zwar dazu beigetragen haben, die Zahl der Terroranschläge in den Niederlanden zu verringern, dass sie aber auch negative Auswirkungen wie Stigmatisierung und Marginalisierung muslimischer Gemeinschaften hatten. In ähnlicher Weise untersuchte eine Studie vom McNeil-Willson (2017) die Wirksamkeit von Terrorismusbekämpfungsmaßnahmen in Dänemark. Er stellte fest, dass diese Maßnahmen zwar die Sicherheit verbesserten, aber auch negative Folgen wie die Aushöhlung der bürgerlichen Freiheiten und der demokratischen Staatsführung hatten. Eine Studie von Cherney und Murphy (2016) schließlich untersuchte die Wirksamkeit von Terrorismusbekämpfungsmaßnahmen in Australien. Sie kamen zu dem Ergebnis, dass diese Maßnahmen zwar die Sicherheit verbesserten, aber auch negative Folgen wie die Verletzung von Bürger- und Menschenrechten hatten. Natürlich haben alle vorgenannten Studien die Auswirkungen von Anti-Terror-Maßnahmen in mehreren Ländern unter die Lupe genommen. Man könnte jedoch argumentieren, dass sie bereits veraltet sind und neuere Beispiele und Ergebnisse berücksichtigt werden sollten.

Der Rückgang des Terrorismus in Europa ist ein komplexes Phänomen, das auf verschiedene Faktoren zurückzuführen ist, darunter Wirtschaftswachstum, verantwortungsvolle Staatsführung, Bekämpfung extremistischer Ideologien, Förderung der sozialen Integration und internationale Zusammenarbeit.

Rahmen und Indikatoren der Sicherheitspolitik

Sicherheitspolitik ist ein entscheidender Aspekt modernen Regierens, insbesondere im Zusammenhang mit der Terrorismusbekämpfung. Wissenschaftler haben die Wirksamkeit von Sicherheitspolitiken und -maßnahmen in der Europäischen Union umfassend erforscht und sich dabei auf die Rolle der EU-Institutionen bei der Gestaltung der Terrorismusbekämpfungspolitik, die

Auswirkungen von Terrorismus-bekämpfungsmaßnahmen auf die Gesellschaft und mögliche unbeabsichtigte und negative Folgen konzentriert. Die Auswirkungen konzentrierten sich auf bestimmte Aspekte. Mackenzie et al. (2016) führten eine Studie über die Wirksamkeit der Terrorismusbekämpfung in der EU durch und konzentrierten sich dabei auf die Rolle der EU-Institutionen bei der Gestaltung der Terrorismusbekämpfungspolitik. Sie kamen zu dem Ergebnis, dass die EU-Institutionen eine Schlüsselrolle bei der Entwicklung von Anti-Terror-Politiken und -Maßnahmen in der EU gespielt haben, die Wirksamkeit dieser Politiken jedoch durch einen Mangel an Koordination und Kooperation zwischen den Mitgliedstaaten eingeschränkt wurde. Dies unterstreicht die Notwendigkeit einer stärkeren Zusammenarbeit und Harmonisierung der Politik in der EU, um wirksamere und kohärentere Sicherheitsstrategien zu entwickeln.

Eine weitere bereits zitierte Studie von Schuurman et al. (2018) untersuchte die Wirksamkeit von Maßnahmen zur Terrorismusbekämpfung und stellte fest, dass die Maßnahmen auch negative Folgen wie die Stigmatisierung und Marginalisierung muslimischer Gemeinschaften hatten. Dies unterstreicht das Potenzial unbeabsichtigter Folgen und negativer Nebeneffekte sicherheitspolitischer Maßnahmen sowie die Notwendigkeit, Sicherheitsbelange sorgfältig mit anderen politischen Erwägungen wie bürgerlichen Freiheiten und Menschenrechten abzuwägen.

Forscher haben verschiedene Rahmen und Indikatoren vorgeschlagen, um die Wirksamkeit der Sicherheitspolitik zu messen. Der Globale Terrorismusindex (im Folgenden auch GTI) beispielsweise ist ein zusammengesetzter Index, der die Auswirkungen des Terrorismus im Laufe der Zeit und über verschiedene Regionen hinweg misst. Der GTI berücksichtigt eine Reihe von Faktoren, darunter die Zahl der Terroranschläge, die Zahl der Todesopfer und Verletzten sowie die wirtschaftlichen Auswirkungen des Terrorismus (Meyer & Sirseloudi, 2011, S. 432f.). Der GTI ist ein nützliches Instrument zur Bewertung der Wirksamkeit von Strategien und Maßnahmen zur Terrorismusbekämpfung und zur Ermittlung von Bereichen, in denen weitere Verbesserungen erforderlich sind.

Ein weiterer Rahmen zur Messung der Wirksamkeit der Sicherheitspolitik sind die drei Säulen des von Buzan et al. (1998). Der Drei-Säulen-Rahmen für Sicherheit besteht aus militärische Sicherheit, wirtschaftliche Sicherheit und soziale Sicherheit. Jede Säule steht für einen anderen Aspekt der Sicherheit, und zusammen bilden sie einen integrierten Rahmen für das Verständnis der Wirksamkeit der Sicherheitspolitik. Dieser Rahmen unterstreicht die Bedeutung eines ganzheitlichen Ansatzes für die Sicherheit und die Berücksichtigung einer Reihe von Faktoren, die zu Sicherheit und Unsicherheit beitragen. Die Wirksamkeit von Sicherheitsmaßnahmen kann auch anhand einer Reihe von Indikatoren gemessen werden, wie z. B. der Zahl der terroristischen Zwischenfälle, der Zahl der Toten und Verletzten und der wirtschaftlichen Auswirkungen des Terrorismus. Weitere Indikatoren sind der Grad der öffentlichen Unterstützung für die Sicherheitspolitik, das Vertrauen in die Strafverfolgungs- und Sicherheitsbehörden und der Grad der Zusammenarbeit und Koordinierung zwischen den verschiedenen Sicherheitsbereichen. Durch die Verwendung einer Reihe von Indikatoren können politische Entscheidungsträger und Sicherheitsexperten ein detaillierteres und umfassenderes Verständnis für die Wirksamkeit von Sicherheitspolitiken und -maßnahmen gewinnen.

Zusammenfassend lässt sich sagen, dass die Sicherheitspolitik ein entscheidender Aspekt der modernen Staatsführung ist, insbesondere im Zusammenhang mit der Terrorismusbekämpfung. Wissenschaftler haben die Wirksamkeit von Sicherheitspolitiken und -maßnahmen in der EU eingehend untersucht und verschiedene Rahmen und Indikatoren zur Bewertung ihrer Wirksamkeit vorgeschlagen. Durch einen ganzheitlichen Sicherheitsansatz und eine sorgfältige Abwägung von Sicherheitsbelangen und anderen politischen Erwägungen können politische Entscheidungsträger und Sicherheitsexperten evidenzbasierte Strategien entwickeln, die mit demokratischen Werten und Menschenrechten vereinbar sind.

Zusammenfassung und Diskussion

Nach der Betrachtung der oben genannten Argumente ist es möglich, die Grundlagen zu erkennen und zu identifizieren, auf denen diese Arbeit aufbaut. Es wurde festgestellt, dass die Europäische Union und damit auch die Agentur der Europäischen Union für die Zusammenarbeit der Strafverfolgungsbehörden eine gemeinsame Agenda zur Terrorismusbekämpfung haben. Der theoretische Rahmen berücksichtigt auch die verschiedenen Mechanismen, mit denen Maßnahmen bewertet und als wirksam oder unwirksam eingestuft werden können. Die Umsetzung sicherheitspolitischer Veränderungen in allen Mitgliedstaaten der Europäischen Union hat also zu einem direkten und positiven Rückgang der Häufigkeit und der Erfolgsquote von Terroranschlägen auf ihrem Gebiet geführt.

Sicherheitspolitische Veränderungen haben einen direkten Einfluss auf die Häufigkeit und Erfolgsquote von Terroranschlägen in den Mitgliedstaaten der Europäischen Union. Veränderungen in der Sicherheitspolitik können die Häufigkeit von Terroranschlägen verringern und deren Auswirkungen abmildern. Dies bedeutet, dass Politiker und Sicherheitsexperten eine wichtige Rolle bei der Verhütung und Bekämpfung des Terrorismus spielen können, indem sie eine wirksame Sicherheitspolitik entwickeln. Obwohl es Hinweise darauf gibt, dass sich Veränderungen in der Sicherheitspolitik positiv auf das Auftreten von Terroranschlägen auswirken können, ist die Beziehung zwischen Sicherheitspolitik und Terrorismus komplex und vielschichtig.

Unterschiede in der Investitions- und Sicherheits-, Nachrichtendienst- und Überwachungspolitik zwischen den Ländern der Europäischen Union haben auch zu unterschiedlichen Ergebnissen bei der Verringerung terroristischer Anschläge geführt. Einige Länder sind aufgrund von Unterschieden in der Sicherheitspolitik und bei den Investitionen in Sicherheitsmaßnahmen bei der Terrorismusprävention und -bekämpfung effektiver als andere. Die politische Entscheidungsträger und Sicherheitsexperten können vom Erfolg der Länder mit einer wirksamen Sicherheitspolitik lernen, um wirksamere Strategien zur Verhütung und Bekämpfung des Terrorismus zu entwickeln.

Literaturverzeichnis

Balzacq, T. (2005). The three faces of securitization: Political agency, audience and context. European journal of international relations, 11(2), 171-201.

Banai, A., & Kreide, R. (2019). Versicherheitlichung der Migration: Über die Zwiespaltigkeit von Staatsbürgerschafts-und Menschenrechten. Deutsches Jahrbuch Philosophie, 10, 89-111.

Berger, L. (2020). Sicherheitspolitik: Terrorismusbekämpfung zwischen Einhegung und Eskalation. Handbuch Politik USA, 579-591.

Bigo, D. (2002). Security and immigration: Toward a critique of the governmentality of unease. Alternatives, 27 (1_suppl), 63-92.

Binder, J. F., & Kenyon, J. (2022). Terrorism and the internet: How dangerous is online radicalization? Frontiers in psychology, 6639.

Bittle, S., Snider, L., Tombs, S., & Whyte, D. (2018). Revisiting crimes of the powerful: Marxism, crime and deviance. Routledge.

Bove, V., Böhmelt, T., & Nussio, E. (2021). Terrorism abroad and migration policies at home. Journal of European Public Policy, 28(2), 190-207.

Brunn, C. (2013). Aktuelle Entwicklungen der Religions-und Integrationspolitik. Religion im Fokus der Integrationspolitik: Ein Vergleich zwischen Deutschland, Frankreich und dem Vereinigten Königreich, 69-101.

Bures, O., & Bätz, S. (2021). European Union and the fight against terrorism: a differentiated integration theory perspective. Asia Europe Journal, 19(1), 75-104.

Buzan, B., Wæver, O., & De Wilde, J. (1998). Security: A new framework for analysis. Lynne Rienner Publishers.

Chalkiadaki, V. (2017). Gefährderkonzepte in der Kriminalpolitik: Rechtspolitische Ansätze und Tendenzen. Gefährderkonzepte in der Kriminalpolitik: Rechtsvergleichende Analyse der deutschen, französischen und englischen Ansätze, 425-452.

Cherney, A., & Murphy, K. (2016). Being a 'suspect community' in a post 9/11 world–The impact of the war on terror on Muslim communities in Australia. Australian & New Zealand Journal of Criminology, 49(4), 480-496.

Ehrhart, H. G. (2015). Zwischen Aufstandsbekämpfung und Stabilisierung. Frankreich, die EU und der Formenwandel der Gewalt am Beispiel Mali. In Frankreich, Deutschland und die EU in Mali (pp. 35-66). Nomos Verlagsgesellschaft mbH & Co. KG.

Enders, W., & Hoover, G. A. (2012). The nonlinear relationship between terrorism and poverty. American Economic Review, 102(3), 267-272.

Goertz, S., Streitparth, A. E., Goertz, S., & Streitparth, A. E. (2019). Cooperation, Interaction and Fusion of Transnational Organised Crime and Transnational Jihadism: The New Terrorism. The New Terrorism: Actors, Strategies and Tactics, 43-83.

Goertz, S., & Stockhammer, N. (2023). Aktuelle Bedrohungsanalyse–Akteure und Trends des Extremismus und Terrorismus. In Terrorismusbekämpfung und Extremismusprävention: Eine Einführung (pp. 113-232). Wiesbaden: Springer Fachmedien Wiesbaden.

Grant-Hayford, N., & Scheyer, V. (2016). Strukturelle Gewalt verstehen. Eine Anleitung zur Operationalisierung–Working Paper, Grenzach-Wyhlen: Galtung-Institut für Friedenstheorie und Friedenspraxis.

Guillaume-Barry, A. (2019). Jihadism and post-9/11 Europe: the French approach to fighting terrorism. In Handbook of Terrorism and Counter Terrorism Post 9/11 (pp. 293-303). Edward Elgar Publishing.

Foucault, M. (2008). Panopticism from discipline & punish: The birth of the prison. Race/Ethnicity: Multidisciplinary Global Contexts, 2(1), 1-12.

Hegemann, H. & Kahl, M. (2018). Was tun? Maßnahmen zur Terrorismusbekämpfung. Terrorismus und Terrorismusbekämpfung: Eine Einführung, 111-167.

Hill, M., & Hupe, P. (2002). Implementing public policy: Governance in theory and in practice. Sage.

Hummer, W. (2017). Terrorismusbekämpfung in der Europäischen Union–Rahmenbedingungen, Strategien und Zuständigkeiten–. ZEuS Zeitschrift für Europarechtliche Studien, 20(2), 145-160.

Huysmans, J. (2006). The politics of insecurity: Fear, migration and asylum in the EU. Routledge.

Janssen, E. (2018). Realitätsschock und Reaktionen: Realpolitische Terrorismusbekämpfung zwischen Rechtsstaat und Rückkehr zur Abschreckung. Politisches Krisenmanagement: Band 2: Reaktion–Partizipation–Resilienz, 129-145.

Karim, A. A. (2018). Terrorism between religion and the law. The International and Political Journal, (37-38).

Knelangen, W. (2006). Antiterrorismusprogramm der EU. Wörterbuch zur Inneren Sicherheit, 5-8.

Krieger, T., & Meierrieks, D. (2011). What causes terrorism?. Public Choice, 147, 3-27.

Lavenex, S., & Uçarer, E. M. (2004). The external dimension of Europeanization: The case of immigration policies. Cooperation and conflict, 39(4), 417-443.

Mackenzie, A., Bures, O., Kaunert, C., & Léonard, S. (2016). The European Union Counter-terrorism Coordinator and the external dimension of the European Union counter-terrorism policy. In Justice and Home Affairs Agencies in the European Union (pp. 53-66). Routledge.

Maes, I. (2018). The Political Economy of Monetary Solidarity. Understanding the Euro Experiment.

McNeil-Willson, R. (2017). Between trust and oppression: Contemporary counter-terror policies in Denmark. The Palgrave handbook of global counterterrorism policy, 419-435.

Meyer, B., & Sirseloudi, M. (2011). Zur Früherkennung terroristischer Kampagnen. Konfliktregelung und Friedensstrategien: Eine Einführung, 427-448.

Möller, K. (2016). Strukturelle Gewalt und funktionale Differenzierung. Anschlüsse an Luhmann, Benjamin und Adorno. Soziale Systeme, 20(2), 257-279.

Möller, B. (2020). Terrorismusbekämpfung durch Individualfinanzsanktionen des Sicherheitsrates: Rechtmäßigkeit und Rechtsschutz im Völker-und Europarecht. wvb Wissenschaftlicher Verlag Berlin.

Pape, R. A. (2003). The strategic logic of suicide terrorism. American political science review, 97(3), 343-361.

Peeck-Ho, C. (2019). Geschlecht, Islam und Versicherheitlichung. In Das Spannungsfeld von Religion und Politik (pp. 255-274). Nomos Verlagsgesellschaft mbH & Co. KG.

Perwita, A. A. B. (2019). The Implementation of France's National Security Policy: Reinforcing French National Security to Respond ISIS Threats in 2014-2016. AEGIS: Journal of International Relations, 3(1).

Pierson, P. (2000). Increasing returns, path dependence, and the study of politics. American political science review, 94(2), 251-267.

Pistone, I., Eriksson, E., Beckman, U., Mattson, C., & Sager, M. (2019). A scoping review of interventions for preventing and countering violent extremism: Current status and implications for future research. Journal for deradicalization, (19), 1-84.

Powers, C., Skare, E., Fahmi, G., Ahmed, N., Mhidi, A., Ababsa, M., & Roy, O. (2023). Why Individuals and Communities Do Not Turn to Violent Extremism. Perspectives on Terrorism, 17(1), 1-17.

Rothenberger, L. (2020). Identifikation relevanter Prozessschritte und Akteure im Terrorismus. Terrorismus als Kommunikation: Bestandsaufnahme, Erklärungen und Herausforderungen, 73-104.

Rüger, C. (2021). 20 Jahre nach 9/11–Wie zukunftsfähig ist die Außenpolitik der Europäischen Union? Zeitschrift für Politikwissenschaft, 31, 617-626.

Sabatier, P. (2000). Theories of the policy process.

Schmid, F. (2019). Terrorismusbekämpfung in der Europäischen Union–Chancen und Risiken. Herausforderungen durch das Irreguläre: Zum Verhältnis von Staat und Terrorismus, 141-170.

Schuurman, B., Bakker, E., Gill, P., & Bouhana, N. (2018). Lone actor terrorist attack planning and preparation: a data-driven analysis. Journal of forensic sciences, 63(4), 1191-1200.

Schuurman, B., & Carthy, S. L. (2023). Understanding (non) involvement in terrorist violence: What sets extremists who use terrorist violence apart from those who do not?. Criminology & Public Policy.

Sellier, E. (2018). The European External Action Service, Counterterrorism and the Imperative of Coherence. The International Spectator, 53(4), 129-151.

Statham, P., & Koopmans, R. (2013). Europe's missing public: Problems and Prospects. In Rethinking the Public Sphere Through Transnationalizing Processes: Europe and Beyond (pp. 137-151). London: Palgrave Macmillan UK.

Theveßen, E. (2023). Bedrohung Deutschlands durch den islamistischen Terrorismus: Aktuelle Gefährdungs-und Sicherheitslage in Europa. In Islamismus und terroristische Gewalt (pp. 153-168). Ergon-Verlag.

Wihl, T. (2017). Der Ausnahmezustand in Frankreich: Zwischen Legalität und Rechtsstaatsdefizit. Kritische Justiz, 50(1), 68-80.